EXTRAIT

De l'Edit & Ordonnance du Roy Henry II. sur le fait des Poids
& Mesures par toute la Ville, Fauxbourgs, Banlieue, Pré-
vôté & Vicomté de Paris, réduites à un même & semblable
Estallon ; & qui fixe les mesures dont les Marchands de Vins doi-
vent se servir dans leur Commerce.

HENRY, PAR LA GRACE DE DIEU, ROY DE
FRANCE, à tous présens & à venir, Salut: Nous
avons ci-devant par certaines nos Lettres commis
& député nos amés & féaux Conseillers, Maistre
Thierry du Mont, Maître des Requêtes ordinaire
de notre Hôtel, & Jean Belot, Maître ordinaire de nos
Comptes, pour (suivant nosdites Lettres) procéder à la réduction des poids & mesures, tant de ce qui nous en apartient,
que des Princes, Prelats, Ducs, Marquis, Comtes, Vicomtes,
Barons, Châtelains, & autres ayans droit de poids & mesures.
Et icelle réduction commencer en notre Ville de Paris, Fauxbourgs & Banlieue d'icelle, apellez à ce voir faire, les nommés
en nosdites Lettres, pour à l'exemple de ladite réduction de
poids & mesures faite en notredite Ville, être gardée, observée
& entretenue semblable réduction en toutes les autres Villes
& Provinces de notredit Royaume. A quoi a été bien & dû-
ment vacqué & satisfait par lesdits du Mont & Belot, qui de
ladite réduction & exécution de nosdites Lettres, ont fait bon
& ample procès verbal.

SÇAVOIR faisons, qu'après avoir bien & au long entendu
en notredit Conseil Privé, le contenu audit procès verbal,
fait par lesdits Dumont & Belot, & réduction par eux faite

A

defdits poids & mefures, & oui fur ce ledit du Mont, avons par avis & délibération des Gens de notre Confeil Privé, lad. réduction pour agréable, & icelle approuvée & autorifée, approuvons, autorifons & confirmons. Voulons & nous plaît qu'elle foit exécutée, gardée & obfervée de point en point, felon fa forme & teneur, en notredite Ville, Banlieue, Pré-vôté & Vicomté de Paris. En laquelle, conformément à lad. réduction & à ce que par lefdits du Mont & Belot, a été ordonné. VOULONS, ftatuons & ordonnons, que l'on n'ufera que d'une feule & même mefure, dont l'Etallon en eft en l'Hôtel de ladite Ville, réduifant toutes les mefures defquelles l'on y ufe à préfent, & lefquelles nous avons réduites & ré-duifons à notre mefure.

ET quant aux mefures de Vin, Cidre, Bierre, Cervoife & autres boiffons, fera d'orénavant gardée la mefure *du Poiffon*, *demi-Septier*, *Chopine*, *Pinte*, *Pot & au deffus*, & réglé pour l'avenir & étallonné à la mefure Royale étant audit Hôtel de notredite Ville de Paris. Et contiendra le muid de Vin, trente-fix feptiers fur marc & lie, enforte que chacun fuft de muid, compris ladite lie & marc, contiendra trente-fept feptiers & demi, & le feptier de Vin, huit pintes, & le demi-muid & quart de muid, à l'équipolent, & la pippe muid & demi, valant cinquante-quatre feptiers.

SERONT lefdits anciens Etallons non conformes à notre me-fure, caffés & rompus.

A tous lefquels Seigneurs avons enjoint & enjoignons ré-gler & réduire leurfdits poids & mefures à la nôtre ci deffus déclarée.

ET font faites défenfes à tous Bourgeois, Taverniers & au-tres vendant Vin en détail, de ne vendre Vin à autre me-fure, &. qui ne foit étallonnée & marquée, fur lefdites peines.

AVONS femblablement inhibé & défendu, inhibons & dé-fendons à tous Tonneliers & autres ouvriers demeurans en ladite Ville & Banlieue, de faire d'orénavant aucuns muids qui ne contiennent ladite mefure de trente-fept feptiers & demi, pour revenir à trente-fix feptiers fur marc, & le demi-muid & quart de muid, pipe & buffe à l'équipolent.

ET quant aux vieux muids, pipes & buffes, lefquels fe di-minueront au moyen de ce qu'il convient fouvent iceux répa-rer, & partant ne pourroient contenir ladite quantité de septiers, ne feront expofés en vente pour être vendus en gros, mais feront réduits à demi-muid, & les demi muids à quart de muid, les pipes à bufles, fi mieux l'on n'aime les faire fervir pour la provifion & dépenfe des maifons.

Si donnons en mandement à nos amés & feaux Confeillers les Gens tenant notre Cour de Parlement & de nos Comptes à Paris, Prevôt dudit lieu ou fon Lieutenant, & chacun d'eux, que notre préfente Ordonnante & réduction, Statut & contenu ci-deffus, ils faffent lire, publier & regiftrer, garder, entretenir & obferver de point en point, felon leur forme & teneur : Procédant & faifant procéder à l'exécution de ces Préfentes, & réduction defdits poids & mefures, tout ainfi & en la forme & maniere que contenu eft ci-deffus, en contraignant à ce faire, & fouffrir tous ceux qu'il apartiendra, & qui pour ce feront à contraindre par toutes voies & manieres dûes, raifonnables & accoutumées : Nonobftant oppofitions ou appellations quelconques, pour lefquelles & fans préjudice d'icelles ne voulant être différé. CAR TEL EST NOTRE PLAISIR : Nonobftant quelconques Edits, Statuts, Ordonnances, Reftrinctions, Mandemens, Défenfes & Lettres à ce contraires. Et pour ce que de ces Préfentes l'on pourra avoir affaire en plufieurs & divers lieux, Nous voulons qu'au Vidimus d'icelles, fait fous fcel Royal, ou collationné par l'un de nos amés & féaux Notaires & Secretaires, foi foit ajoutée comme au préfent Original : Auquel, & afin que ce foit chofe férme & ftable à toujours, nous avons fait mettre notre fcel à cefdites Préfentes, fauf en autres chofes notre droit, & l'autrui en toutes.

DONNE' à Saint-Germain-en Laye, au mois d'Octobre, l'an de grace mil cinq cent cinquante-fept, & de notre Regne l'onziéme. *Et deffus eft écrit :* Par le Roi en fon Confeil, DE LOMENIE. *Et à côté,* Vifa. *Et au bas eft écrit :* Ainfi a été ordonné au Confeil Privé du Roi, tenu à Saint-Germain-en-Laye, le feiziéme d'Octobre mil cinq cent cinquante-fept. DUMONT. Et fcellé du grand fcel pendant à lacs de foye, rouge & vert, de cire verte.

Lecta, publicata & regiftrata, audito & requirente Procuratore generali Regis Parifiis, in Parlamento, tertia die Martii, anno Domini millefimo quingentefimo quinquagefimo-feptimo. Signé, DU TILLET.

Lecta similiter, publicata & registrata in Camera Computorum Domini nostri Regis, decima Martii, anno suprascripto. Signé, LEMAISTRE.

Lûes & publiées en Jugement au Châtelet de Paris, en la présence & du consentement du Procureur du Roi notre Sire audit Châtelet, & ordonné être enregistrées ès Registres ordinaires d'icelui Châtelet, & par les Siéges & ressorts de la Prévôté & Vicomté de Paris, le Samedi dix-neuvieme jour de Mars mil cinq cent cinquante-sept. Signé, DE NEUFBOURG.

OBSERVATIONS.

Par Edit du Roi, du mois de Février 1596, il est ordonné aux Tonneliers de faire jauger leurs tonneaux avant de les perfectionner : plusieurs Réglemens antérieurs & postérieurs leur enjoignent de les marquer de leur marque particuliere, & de l'année qu'ils auront été fabriqués, à peine de confiscation & d'amende arbitraire.

Par Arrêt contradictoire du Parlement, du 13 Mai 1675, rendu avec les Marchands de Vin, il leur est défendu de faire le métier de Courtier, ni d'acheter plus de 12 muids de Vin par an. Tr. de la Police T. 3. p. 616.

SENTENCE

DU BUREAU DE LA VILLE DE PARIS,

QUI ordonne qu'il sera déposé aux Greffes des Villes d'Auxerre, Tonnerre & Chably un Septier jaugé & marqué sur celui de la Ville de Paris ; fait défense aux Habitans desdites Villes & des Vignobles en dépendans, de fabriquer aucuns Tonneaux, ni d'en amener à Paris, qui ne soient de la contenance fixée par les Réglemens, à peine de confiscation & de cent livres d'amende.

Du 30 Janvier 1702.

A TOUS CEUX QUI CES PRESENTES LETTRES verront, Charles Boucher, Chevalier, Seigneur d'Orsay, Conseiller du Roi en sa Cour de Parlement, Prevôt des

Marchands ; & les Echevins de la Ville de Paris : Salut.
Sçavoir faifons que vû au Bureau de la Ville, notre Jugement
du 29 Décembre dernier, intervenu fur la remontrance &
requifition du Procureur du Roi & de ladite Ville, au fujet
des plaintes qui nous auroient été faites, tant par les Bourgeois & Habitans, que Marchands de Vin de cette Ville ; &
fur le raport à Nous fait audit Bureau par les Officiers Jaugeurs
de Vins, de ce qu'au préjudice & en contravention des Ordonnances & Réglemens de Police de ladite Ville, concernant
la jauge & continence que doivent avoir les futs ou vaiffeaux
de muids, demi-muids & quart de muids à mettre Vins, il
venoit & arrivoit fouvent à Paris de la Province de Bourgogne, des muids, demi-muids & quarts de muids remplis de
Vins, d'une moindre continence & bien au deffous de celle
portée par lefdites Ordonnances & Réglemens ; ce que Nous
aurions même reconnu dans les vifites de Police par Nous
faites fur les Ports & Etapes, & dans la Halle aux Vins ; par
lequel Jugement, pour remédier à cet abus que la cupidité du
gain a introduit dans plufieurs lieux des vignobles de ladite
Province de Bourgogne, Nous aurions ordonné qu'il feroit
inceffament fabriqué, aux dépens de la Ville, trois nouvelles
mefures de potin, de la continence de huit pintes chacune,
compofant le feptier d'un muid de Vin, qui feroient, en préfence du fieur Hebert, l'un de Nous Echevins, à ce commis,
& dudit Procureur du Roi & de la Ville, les Maîtres & Gardes de la marchandife de Vins, mandés ou apellés, jaugées
& étallonnées par deux des Huiffiers de ladite Ville, Jaugeurs,
Vifiteurs & Etallonneurs de mefures à Vin, avec la mefure
matrice de Pinte étant au Greffe de ladite Ville, qui feroit
à cette fin repréfentée, dont feroit dreffé procès verbal, pour
ce fait & raporté être fur les conclufions dudit Procureur du
Roi & de la Ville, par Nous ordonné ce qu'il apartiendroit.
VEU auffi ledit procès verbal dudit fieur Hebert, l'un de Nous
Echevins, du 20 du préfent mois, portant qu'en exécution de
notredit Jugement, il s'étoit tranfporté au Greffe de ladite
Ville avec le Procureur du Roi & de ladite Ville, où lefdites
mefures fabriquées de nos ordres par Simon Dorvillere, Maître Fondeur, avoient été par lui aportées, & avoir été lefd.
trois mefures, en fa préfence & celle dudit Procureur du Roi
& de la Ville, & defdits Maîtres & Gardes de la marchandife

de Vins, y dénommés, pour ce mandés, jaugées & mesurées par Nicolas de Saint & Nicolas Itier, Huissiers de lad. Ville, Jaugeurs, Visiteurs & Etallonneurs des mesures à Vins, appellés à cette fin, lesquelles mesures, après plusieurs expériences, vérifications & réductions faites d'icelles par lesdits de Saint & Itier, & par ledit Dorvillere, Fondeur, comme reconnues trop grandes, ainsi qu'il est exprimé audit procès verbal, lesdites mesures auroient été trouvées de juste continence de huit pintes chacune, par de nouvelles vérifications qui en auroient été faites par lesdits Huissiers Etallonneurs de mesures, & avoir ledit sieur Hebert, ce requerant ledit Procureur du Roi & de la Ville, ordonné que lesdites mesures seroient gravées sur les bords, de ces mots : *Matrice d'un Septier mesure de Paris, mil sept cent deux*, pour empêcher qu'elles ne soient altérées, & qu'il seroit aussi gravé les armes de la Ville en face de chacune d'icelles ; ce fait que lesdites trois mesures auroient été laissées audit Greffe de la Ville, & ladite mesure, matrice de pinte, remise ès mains du Greffier de ladite Ville, par lesd. Huissiers d'icelle : & après Nous être fait représenter au Bureau de la Ville, lesdites trois nouvelles mesures après avoir été gravées, & oui ledit sieur Hebert en son referé sur le contenu en sondit procès verbal, & ledit Procureur du Roi & de la Ville en ses conclusions, avons, ce requerant icelui, ordonné que lesdites trois mesures, de la continence de huit pintes chacune, faisant le septier de muid de Vin, seront incessament envoyées à sa diligence au sieur Chapotin notre Subdélégué en la Ville d'Auxerre, pour être par lui mises ; sçavoir, une entre les mains des sieurs Maire & Echevins de ladite Ville d'Auxerre, une autre ès mains des sieurs Maire & Echevins de la Ville de Tonnerre, & la troisiéme ès mains des sieurs Maire & Echevins de la Ville de Chably ; & pour être par eux chacun en droit soi lesdites mesures déposées aux Greffes desdites Villes, dont sera dressé des procès verbaux, les expéditions desquels ledit sieur Chapotin retirera & nous les envoyera incontinent après les dépôts desdites mesures faites ausdits Greffes desdites Villes, & nous certifiera de ses diligences, pour servir lesdites mesures de huit pintes chacune, faisant le septier de muid de Vin de mesure pour la fabrication des futs ou vaisseaux de muids, den i-muids & de quarts de muids à mettre les Vins croissans èsdits vignobles de ladite Province de Bourgogne, ensorte que le

muid contienne trente-six septiers de Vin sur mare & lie, &
compris ledit mare & lie, trente-sept septiers & demi, & le
demi-muid & quart de muid à proportion, suivant & conformément à l'Edit du Roi Henry second, du 16 Octobre 1557,
regiftré où besoin a été : Faisons défenses à tous Tonneliers
& autres personnes des lieux, de faire ou faire faire aucuns
desdits futs ou vaisseaux de muids, demi-muids ou quarts de
muids à mettre Vins, d'une moindre continence que celle ci-
dessus, à peine de confiscation desdits vaisseaux, & de cent
livres d'amende pour chacune contravention : Défendons pareillement à tous Bourgeois & Habitans desdites Villes d'Auxerre, Tonnerre & Chably, Marchands & Vignerons, & à tous
autres desdits lieux des vignobles de ladite Province de Bourgogne, de se servir desdits futs ou vaisseaux de moindre continence que celle ci-dessus, pour mettre leurs Vins, & de les
vendre aux Marchands & autres personnes qui en voudront
acheter pour leur provision & celle de cette Ville, & tant à
eux qu'aux Marchands de Paris & Marchands Forains, d'en
faire voiturer & amener en cettedite Ville, & de les mettre
dans la Halle aux Vins, sur le Port de vente & à l'Etape, qui
ne soient de bonne continence, suivant lesdites Ordonnances
& Réglemens, à peine de confiscation desdits Vins, & de cinq
cens livres d'amende. Enjoignons à notredit Subdélégué à Auxerre, de tenir la main sur lesdits lieux à l'exécution de notre
présent Jugement, & de nous donner avis des contraventions
si aucunes il connoît y être faites, & ausdites Ordonnances &
Réglemens, & aux Officiers Jaugeurs & autres Officiers de
Police de cette Ville sur les Vins, de dénoncer audit Procureur du Roi & de la Ville, les contraventions qui viendront à
leur connoissance, être aussi faites à notredit Jugement, lequel
sera à la diligence de notredit Subdélégué à Auxerre, notifié
& affiché sur les lieux, & par tout où besoin sera, à ce qu'aucun n'en puisse prétendre cause d'ignorance, & qu'il sera pareillement affiché sur les Ports de cettedite Ville, en ladite
Halle aux Vins, & autres endroits que besoin sera, & exécuté nonobstant oppositions ou appellations quelconques, &
sans préjudice d'icelles. Ce fut fait & donné au Bureau de la
Ville le trentiéme jour de Janvier mil sept cent deux. *Signé*,
TAITBOUT.

ORDONNANCE

*DE Messieurs les Maire, Gouverneur du Fait Commun, Eche-
vins & Juges de Police de la Ville & Fauxbourgs d'Auxerre,
pour la Jauge des Muids, demi Muids & quarts de Muids,
en conformité de celle de Paris ; & suivant le Réglement
d'Henry II.*

Du 7 Mars 1702.

CE JOURD'HUI septiéme Mars mil sept cent deux, en
la Chambre du Conseil de l'Hôtel commun de la Ville
d'Auxerre ; Nous Jean Baudesson, Conseiller du Roi, Maire
perpétuel ; Didier Dubiez, Marchand, Gouverneur du Fait
Commun ; Joseph de la Chasse, Conseiller au Présidial ; Claude
Joly, Avocat en la Cour ; Henry Chappotin, Marchand ;
Edme Merat, Procureur audit Présidial, Echevins, Juges de
Police en la Ville & Fauxbourgs d'Auxerre. En conséquence
de l'apport à Nous fait par le sieur Chappotin, Subdélégué du
sieur Prevôt des Marchands de la Ville de Paris, & de l'envoi
dudit sieur Prevôt, d'une pinte d'étain, mesure de Paris, &
d'un septier de potin, contenant huit pintes à la même mesure, sur le bord duquel sont gravés ces mots : *Matrice d'un
Septier de Paris mil sept cent deux*, & au bas duquel sont les
Armes de ladite Ville, comme il est plus au long porté au procès verbal dudit apport, du 21 Février dernier ; & ce requerant le Procureur du Roi de cet Hôtel de Ville : Nous sommes entrés en examen & discussion, si les muids, demi-muids
ou quarts de muids de notre jauge & mesure, sont de la ca-
pacité & continence de trente-sept septiers & demi, compris
marc & lie, & le demi-muid & quart à proportion, mesure de
Paris, suivant l'Ordonnance du Roi Henry Second : à l'effet
de quoi Nous avons mandé Edme Gaillardot, Jean Renard
& Pierre Marcilly, Tonneliers de cette Ville, & convoqué les
sieurs Drinot & Liger, anciens Courtiers Commissionnaires
de Vins, & en leur présence Nous nous sommes fait représenter la Jauge de cette Ville, & un demi-muid & quart de
muid, lesquels ayant été mesurés se sont trouvés conformes à
ladite Jauge, en hauteur, largeur de fond & bouge ; & ensuite

ayant

ayant fait remplir d'eau ledit feptier, à différentes fois, & verfé dans lefdits demi-muid & quart, ils fe font trouvés; fçavoir, le demi-muid, de la jufte continence de dix-huit feptiers fix pintes, & le quart à proportion, dont Nous avons fait acte. Et ont figné de ce requis, DRINOT, LIGER, CAILLAR-DOT, RENARD, MARCILLY.

ET pour ôter fujet de plaintes faites ou à faire de la diver-fité de la jauge des muids, demi-muids & quarts, & pour établir l'uniformité: Nous enjoignons à tous Tonneliers de cette Ville, & Fauxbourgs, & autres qui bâtiront des muids, demi-muids & quarts, de leur donner la hauteur, largeur de fond & bouge conforme à la jauge de cette Ville, & de la conti-nence de trente-fept feptiers & demi, mefure de Paris, compris marc & lie, le demi-muid & quart à proportion. Faifons défenfes d'en faire que conformément à ladite jauge & mefure, ni d'en expofer en vente dans nos Marchés ou ailleurs, à peine de confifcation & de cinquante livres d'amende : Et afin que notre préfente Ordonnance foit plus régulierement obfervée, il fera fait & dépofé en cet Hôtel de Ville, quatre cercles de fer, dont deux contiendront la mefure du bouge dudit muid ou demi-muid, & deux fur les bouts, pour que chacun y puiffe avoir recours & s'y conformer : Et fera notre préfente Or-donnance, lûe, publiée & affichée par-tout où befoin fera, & même envoyé copie dans les Villes & lieux où fe bâtiffent lefd. muids, demi-muids & quarts, à ce que perfonne n'en ignore. Fait par Nous Maire, Gouverneur, Echevins, Juges de Police fufdits, les jours & an que deffus. *Signé*, BAUDESSON , DUBIEZ, DE LA CHASSE, JOLY, CHAPPOTIN, ME-RAT, MORIN, Procureur du Roi, & CRETÉ, Greffier.

OBSERVATIONS.

EN exécution des Lettres-Patentes du 8 Avril 1715, en-regiftrées au Parlement le neuf Mai fuivant, & de la Sentence du Bureau de la Ville, portant enregiftrement des Lettres-Patentes du 6 Mai, audit an, par lefquelles M. le Prevôt des Marchands a été chargé de veiller à leur exécution, & d'en faire réitérer la publication dans les Villes y dénom-mées, tous les ans au mois d'Août. Il a été fondu aux dépens du Bureau de la Ville, des septiers de cuivre potin, par Taupin , Maître Fondeur, lesquels ont été gravés, vérifiés & étalonnés conformes à la mesure du septier servant de matrice, étant au Bureau de la Ville, en présence de M. le Procureur du Roi & de l'un de MM. les Echevins, nommé à cet effet, & encore en présence des sieurs Maîtres & Gardes du Corps des Marchans de Vins, & ensuite envoyés dans les Villes de Villeneuve - le - Roy, Joigny, Tonnerre, Coulange-la-Vineuse, Avalon, Auxerre, Vermanton, Chablis , Cravant, Rancy, Saulieu & Saint-Bris, & déposées au Greffe de chacun desdits lieux où l'Edit du Roi, Lettres-Patentes & Sentence d'enregistrement ont été publiés, lesquelles Lettres-Patentes & Sentence de la Ville, portent injonction aux Tonneliers, Vignerons & autres, de faire des tonneaux de la mesure prescrite par les Réglemens, & de les marquer, sous peine de confiscation & d'amende, suivant qu'il paroît par les procès verbaux de vérification au Bureau de la Ville, de dépôt aux Greffes desd. Villes, & de publications esdits lieux, des 16 Mai 1715, 19 Janvier, 16 Mars, 2 Août, 28 Juillet, 5 Septembre; premier, 15, 17, 18, 27 Octobre; 20 Novembre 1716; 3, 4 & 5 Septembre 1717, & 14 Octobre 1717, dont les originaux sont déposés au Greffe de la Ville de Paris.

JUGEMENT

DE M. L'INTENDANT DE LYON,

QUI confisque au profit de l'Hôpital plusieurs Futailles de fausse contenance, & condamne les contrevenans chacun en cent livres d'amende.

Du 21 Mars 1729.

PIERRE POULLETIER, Chevalier, Conseiller du Roi en ses Conseils, Maître des Requêtes Honoraire de son Hôtel, Intendant de Justice, Police & Finance de la Ville & Généralité de Lyon.

Veu l'Arrêt du Conseil, du 13 Août 1715, portant défenses à tous Particuliers dépendans de l'Election de Roanne, d'exposer en vente aucune piéce ou demi-piéce de Vin, qui ne soit de la contenance ; sçavoir, la piéce, de 204 pintes, & la demi-piéce ou ânée, de 102 pintes, mesure de Lyon ; lequel Arrêt fait pareillement défenses à tous Tonneliers de faire ni débiter aucun tonneau de moindre contenance, le tout à peine de 100 livres d'amende & de confiscations de Vins & futailles : notre Ordonnance du 26 Novembre 1726, étant ensuite, portant que ledit Arrêt seroit exécuté, lû, publié & affiché dans ladite Election de Roanne, avec injonction au sieur Leu, notre Subdélégué aud. Roanne, de tenir exactement la main à son exécution, & de faire subir aux Contrevenans les peines y portées. Le certificat du nommé Valiere, Huissier, du 8 Décembre 1726, portant publication desdits Arrêts & Ordonnances ; les procès verbaux dressés le 14 du présent mois de Mars, par led. sieur Leu, portant saisie ; sçavoir, sur le nommé Claude Fayat, Habitant de la Paroisse de Renaison, Vigneron du Sieur de la Richardie, de deux piéces de Vin ; sur le nommé Etienne Dissard, Tonnelier de lad. Paroisse, de quatre autres piéces de Vin rouge & de six fusts vuides ; sur le nommé Michel Clair, aussi Habitant dudit lieu, d'une autre piéce de Vin ; & sur le nommé Pierre Juré Clair, Habitant de la Paroisse de Saint Haon-le-Viel, d'une autre piéce de Vin, lesquelles piéces de Vins & fusts ne se sont point trouvés de la jauge portée par ledit Arrêt, & d'une contenance beaucoup inférieure à ladite jauge, ce qui est une contravention formelle aud. Arrêt ; lesd. exploits d'assignation étant ensuite desd. procès verbaux dud. jour 14 Mars ; & tout considéré,

Nous ordonnons que l'Arrêt du Conseil, dud. jour 13 Août 1715, sera exécuté selon sa forme & teneur : & en conséquence, pour la contravention commise à icelui par lesdits Claude Fayat, Etienne Dissard, Michel Clair, & Pierre Juré Clair, avons confisqué les huit piéces de Vins & six fusts vuides, contenus ausdits procès verbaux, pour être vendus en la maniere accoutumée, & le prix en provenant, distribué ; sçavoir, un tiers à l'Hôpital de Roanne, le second tiers au Dénonciateur, & le troisiéme tiers employé au payement des frais : Condamnons lesdits Fayat, Dissard & Clair, chacun en l'amende de 100 livres applicables comme dessus ; au payement de laquelle ils feront contraints par les voies de droit ; & fera notre préfente Ordonnance, exécutée, lûe, publiée & affichée par-tout où il appartiendra. Fait à Lyon ce 21 Mars 1729. *Signé*, POULLETIER. Par Monfeigneur. *Signé*, JOLY.

ORDONNANCE

DE Meffieurs les Officiers de l'Election du pays , & comté du Mâconnois ; par laquelle il eft enjoint aux Tonneliers , & à tous autres qui font fabriquer des Tonneaux , de fe conformer à l'ancien Echantillon & Matricule , à peine de confifcation & d'amende.

Du 12 Mars 1753.

SUR les remontrances à Nous faites par le Syndic des Etats du Pays & Comté du Mâconnois, que quoique l'ancienne jauge Mâconnoife foit de trente quartes le tonneau, de quinze le demi-tonneau ou feuillette, & la quarte de huit pots, mefure de Mâcon, ainfi qu'il appert par notre Ordonnance du 19 Mars 1680, qui fait défenfes de fabriquer & d'expofer en vente aucun tonneau ni demi tonneau de plus petite contenance; néanmoins il lui a été porté des plaintes de la part de plufieurs Marchands de Vin, particulierement de ceux de la Ville de Paris, de ce qu'une partie des tonneaux de Vin qu'ils achetent en ce Pays, ne fe trouvent pas de jauge, ils en fouffrent un préjudice confidérable à caufe des Voitures, Octrois, Péages, Droits d'entrées, & autres frais qu'ils font tenus d'acquitter, comme fi lefd. tonneaux étoient de jauge : Qu'un pareil abus eft trop préjudiciable au Commerce pour être toléré. Pour quoi ledit Syndic requéroit à ce qu'en conformité de ladite Ordonnance du 19 Mars 1680, fût de nouveau fixé & réglé comme deffus, à trente quartes le tonneau & quinze la feuillette, & la quarte à huit pots, mefure de Mâcon. Ce faifant, que défenfes fuffent faites aux Tonneliers & à toutes autres perfonnes de fabriquer, faire fabriquer, vendre, ni expofer en vente aucuns tonneaux ni demi tonneaux qui foient au deffous de ladite jauge, à peine d'amende & confifcation : OUI le Procureur du Roi, qui auroit adhéré aux conclufions dudit

Sieur Syndic, Nous avons, en conformité de notre Ordonnance dudit jour 19 Mars 1680, dit & ordonné que la même jauge sera suivie & gardée dans toute l'étendue de cette Election ; avons fait très-expresses inhibitions & défenses aux Tonneliers & à tous autres de fabriquer ou faire fabriquer aucuns tonneaux & feuillettes, ni d'en exposer en vente, & aux Particuliers d'en acheter, qui ne soient de trente quartes le tonneau & quinze le demi-tonneau ou feuillette, ladite quarte de huit pots, mesure de Mâcon, à peine de confiscation desdits tonneaux, & par forme d'amende, du double de la valeur d'iceux contre le vendeur, & sera ledit tonneau, étant rogné, de deux pieds sept pouces de longueur ; pour le jable, d'un pouce neuf lignes d'hauteur ; pour le diamétre du fond, d'un pied neuf pouces & demi hors du jable ; pour le diamétre du bouge dans œuvre, d'un pied onze pouces & demi, suivant l'ancien échantillon & matricule qui est dans l'Hôtel commun de cette Ville. Enjoignons aux Tonneliers de marquer les tonneaux qu'ils fabriqueront, de leurs armes particulieres, avec le millier de l'année, qui sera renouvellé chaque année. Et pour faire exécuter notre présente Ordonnance, le Syndic présentera deux Commis dans chaque Ville du Ressort de ladite Election, lesquels après avoir prêté serment pardevant Nous, de s'acquitter du devoir de leurs Charges, seront tenus faire visite de trois en trois mois, tant dans les Villes que dans la Campagne, dans les Boutiques & Magasins des Tonneliers, & par-tout ailleurs, & dresseront procès-verbal des contraventions ; & sera notre présente Ordonnance, lûe, publiée & affichée aux Carrefours de cette Ville, de celles de Tournus, Cluny, Saint Gengoux, & affichée à la porte des Eglises Paroissiales de la Campagne, à la diligence du Procureur du Roi & Syndic des Etats. Fait à Mâcon en la Chambre du Conseil de l'Election, le douze Mars mil sept cent cinquante-trois. *Signé*, SIRAUDIN, AUBEL, CADOT, MIOLAND, Elus ; & DAUPHIN, Procureur du Roi.

REGLEMENT

Pour les Barres, Chevilles & Reliages des Tonneaux.

INdépendament des Réglemens ci-devant rapportés, il y en a de particuliers pour différentes Provinces, qui expliquent même les dimensions intérieures & extérieures que les tonneaux de chaque grandeur doivent avoir, tant pour le bouge que pour le fond & le jable.

La demi-queue de l'Orléanois & du Blaisois doit contenir 240 pintes.

La pipe de la Touraine est fixée par la Coutume de cette Province, à trente-six jalais, chacun jalai de douze pintes, grande mesure, les traversiers & quart à proportion; les Tonneliers tenus de mettre leur marque à chacun tonneau, à peine d'amende.

Il y aussi des Réglemens particuliers qui fixent la maniere de barrer & cheviller les tonneaux suivant l'usage de la Province d'où le Vin est tiré.

La Ville de Beaune & Vignobles en dépendans, ont le privilége exclusif de cheviller en plein, sur de grandes barres, les Vins de leur crû, avec défenses aux Propriétaires des Vignobles circonvoisins, Tonneliers & autres de tel endroit qu'ils soient, de les contrefaire.

PAR Lettres-Patentes de Marguerite Duchesse de Bourgogne, du 6 Novembre 1383, les Habitans de Beaune ont été confirmés dans leurs droits & priviléges d'empêcher l'entrée, vente & débit d'aucuns Vins en ladite Ville, autre que celui du crû des Habitans d'icelle.

PAR autres Lettres-Patentes du Duc de Bourgogne, du 4 Mai 1466, les Habitans de Beaune ont été confirmés dans les mêmes priviléges, & autorisés à confisquer au profit de ladite Ville, tous les Vins, autres que ceux du crû, que l'on y feroit entrer sans la permission des Maire & Echevins.

Une Sentence des Maire & Echevins, rendue sur délibération le 17 Décembre 1467, condamne Jaques Lejay, Marchand de Vin à Paris, en l'amende & à la confiscation des

Vins mis dans les tonneaux achetés à Beaune, & remplis dans
un autre Vignoble ; & fait défense à tous Particuliers de sortir
des tonneaux dudit Territoire, reliés, barrés & chevillés à la
mode de Beaune, pour les emplir ailleurs, & de contrefaire
ladite forme de Beaune, à peine d'amende arbitraire, & d'ê-
tre punis comme de crime défendu.

Extrait d'un Arrêt du Parlement féant alors à Beaune, du 24
Décembre 1475.

CHARLES, par la grace de Dieu, Duc de Bourgogne,
de Lothier, de Brabant, de Limbourg, Luxembourg
& de Gueldre, Comte de Flandre, d'Artois, de Bourgogne,
Palatin du Hainaut, de Hollande, de Zelande, de Namur &
de Zutphen, Marquis du S. Empire, Seigneur de Frize, de
Salins & de Malines : A tous ceux qui ces présentes Lettres
verront, Salut. Comme à la pourfuite & Requête de notre
Procureur, & pour certaine caufe dont il fe difoit fuffifament
informé, pour ce que Perrenot, Revendeur de Tournus, pendant la Fête de Touffaint derniere paffée, ait fait amener &
décharger au lieu de Pommard, la quantité d'environ foixante
queues de Vin du crû dudit Tournus, lefquelles il auroit fait
relier à la mode Beaunoife ; à fçavoir, petits cercles & petites
chevilles, ce que ne pouvoit & ne devoit faire, attendu que
ledit Vin n'étoit point du crû du Beaunois ; notre main a été
mife audit Vin, après laquelle main-mife icelui Perrenot fai-
foit trait dans la Cour de nos préfens Parlemens de Beaune
& de S. Laurent, requérant humblement avoir main-levée &
jouiffement de fondit Vin, ainfi empêche... lequel Compa-
rant eft convenu & confeffe avoir amené ledit Vin n'étant
alors averti que l'on ne doit relier aucun Vin à la mode Beaunoife... promettant d'orénavant non faire, & qu'il ne l'a point
fait malicieufement pour aucune fraude ou déception, mais
par inadvertance ; requert humblement le renvoyer de la pourfuite de notre Procureur, pour cette fois, & lui faire déli-
vrance dudit Vin, de laquelle confeffion Claude Dubois, Procureur des Majeur, Echevins, Bourgeois & Habitans dudit
Beaune a requis & demande acte pour eux en avoir & valoir
ce que de raifon ; lefquelles Parties fur ce ouïes : Sçavoir faifons, qu'attendu & confidéré ce qu'en cette fois eft à confi-

dérer, qui peut & doit mouvoir le Jugement de notredite Cour. Icelle par Arrêt a défendu & défend audit Défendeur & autres, de d'orénavant relier ne faire relier aucun Vin non étant du crû du Beaunois, à la mode d'icelle, & à ce l'a condamné & condamne, moyennant ce l'a renvoyé de la pourfuite de notre Procureur... A octroyé audit Dubois, audit nom, ledit acte de Cour par lui requis pour valoir & fervir aufdits Majeur & Echevins, Bourgeois & Habitans de Beaune, ce que de raifon. Si donnons en mandement, &c.

Par Arrêt du Parlement de Paris, du 9 Avril 1565, il eft fait défenfe de vendre des Vins en fauffe jauge, ni de déguifer & contrefaire par cercles, reliages, barres & chevilles, le crû d'un Pays pour un autre, à peine de punition, fuivant les Ordonnances.

Par Arrêt du Parlement de Dijon, du 3 Mars 1643, confirmatif de deux Sentences de la Mairie de Beaune, des 11 & 13 Septembre 1642, rendues entre les Procureur, Syndic de la Ville de Beaune, & Pierre Domino, Marchand, & ci-devant Courtier audit lieu, & Jean Lardot, Dimanche Nolot, Edme Jolyot, & Jean Joly, Juré, Tonneliers à Beaune.

Il a été fait défenfe audit Domino & à tous Habitans de la Ville de Beaune, de faire entrer aucun Vin étranger en ladite Ville fans la permiffion des Magiftrats, ni en faire paffer aucun par icelle, ni par les Fauxbourgs, fans leur en avoir donné avis, à peine de confifcation du Vin, d'amende arbitraire, & de tous dépens, dommages & intérêts; pareilles inhibitions & défenfes ont été faites aufdits Lardot, Nolot, Jolyot & Joly, & tous autres Tonneliers, de relier, barrer ni cheviller aucuns Vins à la mode de ladite Ville de Beaune, qu'ils ne foient du crû & jauge d'icelle.

Par Arrêt du Confeil du 22 Décembre 1651, rendu entre les Maire & Echevins & Procureur-Syndic de la Ville de Beaune, & autres y dénommés, Défendeurs & Demandeurs.

Et Jean Lebault, Marchand de la Ville de Lyon, & Pierre Vienot, Marchand de la Ville de Beaune, Demandeurs & Défendeurs.

Et les Syndics du Pays de Vivarais, Intervenans.

Et encore entre Philippe Defchamps, Syndic des Etats de Bourgogne, d'autre part. A été ordonné ce qui fuit:

Le Roi en fon Confeil, faifant droit fur le tout, a maintenu

& gardé les Maire & Echevins, & Syndic de la Ville de Beaune
au privilége qu'ils ont d'empêcher le dépôt, vente & débit en
ladite Ville & Fauxbourgs feulement, de tous Vins autres que
du crû & revenu des Habitans d'icelle, fans leur permiffion,
à peine de confifcation defdits Vins, & d'amende arbitraire,
applicable moitié au profit du Roi & de ladite Ville, contre
les Contrevenans, a fait & fait défenfe aufd. Lebault, Vienot,
& à tous autres, de contrevenir audit privilége, fous lefdites
peines, permis néanmoins aufdits Vienot & Lebault, & à tous
autres Sujets de Sa Majefté, de faire paffer debout par ladite
Ville, les Vins, denrées & autres Marchandifes qu'ils y voudront faire conduire & tranfporter, en telle part de fon
Royaume que bon leur femblera, même faire féjourner lefdits
Vins en ladite Ville de Beaune pendant vingt-quatre heures
feulement, fans demander permiffion aufdits Maire & Echevins
de ladite Ville, ni payer pour le paffage defdits Vins, aucuns
droits d'octrois, d'entrée ni de fortie; à la charge toutefois
qu'ils bailleront leur déclaration au vrai, & par écrit, au premier Portier, de la quantité des Vins qu'ils y feront féjourner, & du lieu où ils les retireront pendant ledit tems, fans
qu'ils puiffent les décharger, vendre ni débiter en ladite Ville
& Fauxbourgs, foit en gros ou en détail, que par la permiffion & congé defdits Maire, Echevins & Syndic, & payant
les droits accoutumés, fous les fufdites peines. Fait encore Sa
Majefté, très-expreffes inhibitions & défenfes aufdits Lebault,
Vienot & tous autres, même aux Tonneliers dudit Beaune &
autres lieux du Royaume, de relier ou faire relier à la mode
des Vins du crû & climat dudit Beaune, les Vins des autres
climats & Provinces du Royaume, fur peine de pareille confifcation & amende, applicable comme deffus, & de punition
corporelle contre les Contrevenans.... Fait au Confeil privé
du Roi, tenu à Paris le 22 Décembre 1751. Collationé. Signé
fur contrat, FERCOAL. Et fur la commiffion délivrée fur
ledit Arrêt le 22 defdits mois & an. Signé par le Roi en fon
Confeil, FERCOAL; & fcellé. Et collationné aux originaux
par Nous Confeiller-Sécrétaire du Roi, Maifon, Couronne
de France. Signé, COURTOT.

Par Sentence rendue au Châtelet le 7 Novembre 1656,
entre les Maîtres & Gardes du Corps des Marchands de Vins,
& le nommé *Donjon*, Cabaretier, fur lequel ils avoient faifi

dix demi-queues de Vin d'Orleans, reliées en forme de Vin de Beaune, a été ordonné ce qui suit:

Veu les Ordonnances de la Ville, par lesquelles il est défendu à tous Marchands de Vins, de falsifier les Vins & de mettre des Vins d'Orleans dans des futailles reliées à la mode de Beaune; vû ledit Exploit de saisie faite sur ledit Défendeur, de dix demi-queues de Vins d'Orleans, reliées à la mode de Beaune au préjudice desdites Ordonnances: Avons ladite saisie déclaré valable,& en conséquence desdites demi-queues de Vin d'Orleans, confisqué au profit de ladite Communauté, ausquelles led. Défendeur sera contraint par corps, comme gardien & dépositaire, de leur mettre ès mains, & condamnons ledit Défendeur ès dépens; ce qui sera exécuté nonobstant opposition, appellation quelconques, & sans préjudice d'icelle: & soit signifié. En témoin, &c. Ce fut fait & donné par M. Daubray, Lieutenant Civil, M. Seguier étant Prevôt de Paris, le 7 Novembre 1656.

Sur autre saisie faite par les Maîtres & Gardes, de huit demi-queues de Vin d'Orleans, appartenant à Thomas Belleville, reliées & chevillées à la forme de Vin de Beaune, est intervenu Sentence, dont le prononcé suit.

Avons, Parties ouies, ladite saisie déclaré, & icelle déclarons bonne & valable. Ce faisant, disons que lesdits Vins saisis sont confisqués, & les confisquons au profit de lad. Communauté. Faisons défenses audit Défendeur & à tous autres de plus à l'avenir faire relier les futailles d'Orleans à la mode de Beaune, sur peine de pareille confiscation & de 300 livres d'amende, & condamnons ledit Défendeur ès dépens; ce qui sera exécuté nonobstant oppositions ou appellations quelconques, sans préjudice d'icelle. Ce fut fait & donné par M. Daubray, Lieutenant Civil, le 20 Novembre 1656.

Du 13 Juillet 1668.

Sur le rapport fait à l'Audience de Police par le Commissaire Gallyot, au réquisitoire des Maîtres & Gardes du Corps des Marchands de Vins, qu'ils avoient trouvé chez le sieur Nicolas Simon, Marchand de Vin, trois demi-queues de Vin d'Orleans, barrées & chevillées en forme de Vin de Beaune, y ayant trente-quatre à trente-cinq chevilles à chaque bout, au lieu que celles d'Orleans n'ont que dix à quatorze chevilles à chaque bout, & que les barres desdites demi-queues sont plus larges que celles d'Orleans, M. de la Reynie, Lieutenant de Police a ordonné ce qui suit. Nous avons icelui Nicolas Simon, pour la faute par lui commise, condamné en huit livres d'amende, avec défense de récidiver, sous plus grandes peines, & condamné aux frais de la visite & du rapport, liquidés à huit livres ; ce qui sera exécuté nonobstant oppositions ou appellations quelconques, sans préjudice d'icelles, pour lesquelles ne sera différé.

SUR autre procès-verbal fait à la Requête des Maîtres & Gardes du Corps des Marchands de Vins, contre le nommé Girard, chez lequel ils ont trouvé des Vins d'Orleans dans des futailles de Beaune, a été contradictoirement ordonné ce qui suit : Nous faisons défenses audit Girard de plus à l'avenir mettre des Vins d'Orleans dans des jauges de Beaune, à peine de confiscation desdits Vins : pour la faute commise, le condamnons en vingt livres d'amende & aux dépens ; ce qui sera exécuté sans préjudice de l'appel. Jugé par M. de la Reyne le 18 Janvier 1692.

PAR autre Sentence contradictoire du premier Septembre 1730, rendue contre Arnoult, Marchand de Vin, Traiteur, trouvé ayant du Vin dans des futailles d'Orleans, relié, barré & chevillé en forme de Vin de Beaune, il a été ordonné ce qui suit : Nous disons que les Réglemens de Police seront exécutés selon leur forme & teneur. Avons déclaré la saisie bonne & valable, & néanmoins pour cette fois, sans tirer à conséquence, ordonnons que les marchandises saisies seront rendues à ladite Partie de Rebours, & à laquelle faisons défenses de récidiver & d'avoir des Vins d'Orleans dans des tonneaux reliés, barrés & chevillés comme Vins de Bourgogne, & de contrefaire aucuns reliages : & pour la contravention la condamnons en vingt livres de dommages-intérêts, cinq livres d'amende, & aux dépens : & faisant droit sur la demande en dénonciation de la Partie de Rebours, contre la Partie de Demonchy, condamnons la Partie de Demonchy à l'acquitter des condamnations ci-dessus, avec dépens, tant en demandant, défendant, que de la sommation & dénonciation ; ce qui sera exécuté sans préjudice de l'appel. Donné par M. Herault tenant le Siége, le premier Septembre 1730.

Du 19 Mars 1745.

Difpofitif de la *Sentence de Police* rendue *contre* les *fieurs Gratet pere & fils, Marchands, Bourgeois & Commmiffionnaires de Vins à Orleans*, ayant envoyé en deftination à un Bourgeois de Paris, des Vins vieux d'Orleans, fous le nom de Vin vieux de Bourgogne, dans des demi-queues barrées & chevillées en forme de Vin de Beaune.

Nous disons que les Statuts, Sentences, Arrêts & Réglemens de Police concernant le Corps des Parties de Regnard, feront exécutés felon leurs formes & teneurs : en conféquence avens la faifie faite à la Requête defdites Parties de Regnard, fur les Parties de Courlevaux, de deux piéces de Vins d'Orleans, barrées & chevillées en forme de Vin de Beaune, déclaré bonne & valable. Ce faifant, avons lefdits Vins faifis, acquis & confifqué au profit defdites Parties de Regnard, à la repréfentation l'Etapier contraint, même par corps : quoi faifant, déchargé. Faifons défenfes aufdites Parties de Courlevaux, de récidiver, fous plus grandes peines, & à tous Commiffionnaires, Marchands de Vins, Tonneliers & autres, de barrer & cheviller des Vins en autre forme & figure que celle ufitée dans les lieux d'où les Vins font tirés, ni de les qualifier autrement dans les Lettres de voitures, & à tous Voituriers de s'en charger, fous les peines portées par ledit Réglement, confifcation, d'amende, & de telles autres peines qu'il appartiendra; & pour la contravention commife par lefd. Parties de Courlevaux, les avons condamné en vingt livres d'amende & aux dépens, même en ceux faits au Bureau de cette Ville. Et foit notre préfente Sentence, imprimée, lùe, publiée & affichée en cette Ville, en celle d'Orleans & par-tout où befoin fera, aux frais defd. Parties de Courlevaux; ce qui fera exécuté nonobftant & fans préjudice de l'appel. En témoin de ce, &c. Donné par M. de Marville, Lieutenant de Police, le 19 Mars 1745, & fignifié à Me. Courlevaux, Procureur des fieurs Gratet pere & fils.

Du 28 Juin 1740.

Sentence du Bureau de la Ville contre le fieur *Jean Goffelin, l'un des vingt-cinq Marchands de Vins du Roi*, ayant fait

arriver à Paris, par le miniſtere de la veuve Goutierre, Com-
miſſionnaire de Vins, douze quartauts de Vins de Baujency,
à la deſtination des ſieurs Delarue & compagnie, leſquels Vins
ledit Goſſelin a fait barer & cheviller en forme de Vin de
Beaune, par le nommé Colas, Tonnelier, pour quoi ils furent
ſaiſis, à la Requête des Maîtres & Gardes, par deux anciens
Gardes dudit Corps, avec aſſignation à l'Hôtel de Ville en
validité de ladite ſaiſie, ſur laquelle eſt intervenu Sentence le
28 Juin 1740, dont le prononcé ſuit :

PARTIES OUIES, enſemble le Procureur du Roi & de la Ville
en ſes concluſions, Nous, après avoir entendu la Partie de
Davault & François Colard, Compagnon Tonnelier, en perſonne à l'Audience, & le ſieur Delarue, faiſant droit ſur le
réquiſitoire du Procureur du Roi & de la Ville, & après que
ledit Colard eſt convenu d'avoir reçu l'ordre exprès de ladite
Partie de Davault, pour avoir, par ladite Partie de Davault,
fait barter & cheviller ſur le Port de la Grève, le trente-un
Mai dernier, neuf quartauts de Vin du crû de Beaujency, du
nombre de douze, déchargées d'un bateau audit Port, faiſant
partie de plus grand nombre de quartauts arrivés dans la même
équipe, & les avoir fait barrer & cheviller en Beaune,
avoir contre la vérité, tant par ſa Requête verbale, ſignifiée
le quinze du préſent mois, qu'en perſonne à l'Audience, ſup-
poſé que les douze quartauts de Vin en queſtion étoient deſti-
nés pour les ſieurs Delarue, dénié avoir donné l'ordre audit
Colard de faire ledit changement & de faire pareil travail à trois
autres ſemblables quartauts, lui avoir dit à voix baſſe, ledit jour
trente-un Mai, lors de la rédaction dudit procès verbal, d'ôter
quelques chevilles par lui miſes auſdits quartauts, même dénié
connoître ledit Colard, & pour avoir engagé ledit Colard à
nous déclarer ne point connoître ladite Partie de Davault :
avons condamné ladite Partie de Davault en trois mille livres
d'amende ; avons confiſqué leſdits douze quartauts de Vin
du crû de Beaujency, ordonné que tant leſdits douze quartauts
que moitié de ladite amende, demeurera appliquée au profit
du Corps de la Communauté des Marchands de Vin de
cette Ville, pour ſervir au ſoulagement de ceux dudit Corps
& Communauté qui ſe trouvent actuellement dans l'indigence ;
à l'effet dequoi les remiſes de la ſomme de quinze cens livres,
faiſant moitié de ladite amende & deſdits douze quartauts,

feront faites par Balige, Huiffier en cette Jurifdiction, aux Maîtres & Gardes dudit Corps & Communauté, & qu'en rapportant leur reconnoiffance defdites remifes, ledit Balige en demeurera bien & valablement quitte & déchargé. Condamnons ledit Colard en cinquante livres d'amende, pour avoir débarré & décheville lefdits neuf quartauts, & les avoir barré & cheville en Beaune, avoir auffi, contre la vérité, dénié, tant lors dudit procès verbal, qu'en perfonne à l'Audience, en avoir reçu l'ordre de ladite Partie de Davault, & foutenu qu'il lui avoit été donné par deux Particuliers inconnus, quoiqu'il foit depuis convenu que c'étoit le fieur Goffelin qui lui avoit donné les ordres ci deffus, & l'avoit engagé à nier à le connoître ; faifant défenfes à ladite Partie de Davault & audit Colard de récidiver, fous plus grandes peines, & condamné en outre, ladite Partie de Davault, à rembourfer aux fieurs Delarue le prix defdites douze piéces de Vin, enfemble les frais, & en tous les dépens envers toutes les Parties, même envers ledit Colard. Et fera la préfente Sentence, lûe, publiée & affichée par-tout ou befoin fera, & exécutée nonobftant oppofitions ou appellations quelconques, & fans préjudice d'icelles. Ce fut fait & donné au Bureau de la Ville de Paris, à l'Audience tenante le Mardi vingt-huit Juin mil fept cent quarante. *Signé*, THAITBOUT. Scellé le 30 Juin 1740, & fignifié le 2 Juillet 1740.

Du 4 Septembre 1747.

Sur l'appel de cette Sentence en la Cour, interjetté par Goffelin, la veuve Goutierre & après fon décès, fes enfans ayant été mis en Caufe pour raifon des falfifications & radiations faites fur leur Regiftre pour déguifer les achats & deftinations du fieur Goffelin & des fieurs Delarue, pour cacher la fraude dudit Goffelin, Arrêt fur les conclufions de M. le Procureur Général, dont fuit le prononcé :

Notredite Cour faifant droit fur le tout, à mis & met les appellations interjettées par ledit Goffelin & lefdits Delarue & compagnie, de la Sentence du Bureau de cette Ville, du 28 Juin 1740, & ce dont a été appellé au néant, émendant, condamné ledit Goffelin en 100 liv. de dommages & intérêts envers les Maîtres & Gardes du Corps des Marchands de Vins, le décharge du furplus des condamnations contre lui prononcées, sans néanmoins tirer sa conséquence : & sur les demandes respectives formées, tant par lesdits Maîtres & Gardes des Marchands de Vins, contre ledit Delarue & compagnie, & contre ladite Mathagon, veuve Goutierre & ses héritiers, que par ledit Delarue & compagnie, contre lesdits Marchands de Vins, met les Parties hors de Cour, condamne ledit Gosselin en tous les dépens envers lesdits Maîtres & Gardes, & par eux faits contre lesdits Delarue, ladite veuve Goutierre & ses Représentans, tous autres dépens faits entre toutes les Parties, compensés. Faisant droit sur les conclusions de notre Procureur Général, fait défenses à tous Marchands de Vins, Tonneliers & autres, de barrer & cheviller, faire barrer & cheviller les Vins qui arriveront sur les Ports & dans cette Ville de Paris, dans une autre forme que celle qui est usitée dans les Pays d'où les Vins sont tirés, à peine d'amende & d'être procédé contre eux par la voie extraordinaire. Ordonne pareillement que tous les Commissionnaires de Vins seront tenus d'avoir des Livres journaux de leurs achats & envois, cotés & paraphés par premier & dernier feuillet, par l'un des Juges de la Jurisdiction consulaire de la Ville prochaine, ou du Juge ordinaire & le plus prochain des lieux, & écrits d'une même suite par ordre de date & sans aucun blanc, conformément à l'Ordonnance du commerce du mois de Mars 1673, sous telles peines qu'il appartiendra. Et sera le présent Arrêt, imprimé, lû, publié & affiché, à la diligence des Maîtres & Gardes du Corps des Marchands de Vins, aux dépens & frais dudit Gosselin, tant en cette Ville de Paris, que par-tout ailleurs. Mandons mettre le présent Arrêt à dûe & entiere exécution, selon sa forme & teneur : de ce faire te donnons pouvoir. Donné en Parlement le 4 Septembre, l'an de grace 1747, & de notre Regne le trente-troisiéme. Collationné. *Signé*, ROBERT DUCREUX. Par la Chambre. *Signé*, YSABEAU. Et scellé le 21 Octobre 1747. *Signé*, GAUTHIER. Et signifié.

MESURES ET BOUTEILLES.

Les Maîtres & Gardes du Corps des Marchands de Vins de Paris, sont chargés par état d'empêcher les malversations, & de veiller aux contraventions qui se commettent dans le commerce du Vin, tant en altérant la qualité des Vins, qu'en négligeant de les conserver dans leur pureté, comme aussi en

les vendant en détail avec des mesures de fausse contenance ;
lesdits sieurs Gardes ont été autorisés par Arrêt du Parlement
du 15 Juillet 1750, rendu contre les Huissiers de la Ville,
à avoir dans leur Bureau des mesures en cuivre, de pinte,
chopine & demi-setier, aux frais du Bureau de la Ville, pour
vérifier dans leurs visites les mesures des Marchands de leur
Corps.

Ils ont aussi été nommés par Arrêt du Conseil du 7 Janvier 1755
1753, pour faire la visite & vérification des bouteilles, tant
dans les Verreries & sur les Ports, que chez les Marchands de
Vins & autres qui se servent de bouteilles.

LIMITES DE PARIS.*

Ils ont droit d'exercer leur Police pour l'exécution des Statuts & Réglemens de leur Corps, spécialement dans la Ville
& Fauxbourgs de Paris, au delà des barrieres & jusqu'aux
extrémités des limites des Fauxbourgs, suivant qu'il a été jugé.

Contre *Pourain, pour le gros Caillou,* par Sentences contra-
dictoires de Police, des 29 Mai & 10 Juillet 1739.

Contre *Testard,* vendant Vin *à l'extrémité du Marché aux
chevaux, près l'Hôpital,* par Arrêt contradictoire du Parlement,
du 21 Mai 1746.

Contre la nommée Lamare, *rue Notre-Dame des Champs.*

Et contre *François Foulon,* même rue, *au Mont Parnasse,
derriere les Chartreux,* par le même Arrêt de la Cour du 30
Août 1747, confirmatif des Sentences de Police du 15 Mai
1744.

Les saisies faites sur lesdits Particuliers ont été déclarées valables, la confiscation des choses saisies a été ordonnée, avec
dommages, intérêts & dépens.

Ledit Testard a été saisi deux fois dans le cours de l'Ins-
tance, pour récidive ; ces deux saisies ont été aussi déclarées
valables par le même Arrêt, qui l'a condamné en cent cinquante livres de dommages & intérêts, outre la confiscation
de ses Vins, & l'Arrêt imprimé & affiché.

les impressions Nouvelles des Jugemens y sont expliquantes rendues les objets inutiles

* L'on comprend dans l'alignement des Limites les Maisons détachées dépendant des
Paroisses de Paris, & où l'on paye les Droits d'entrées comme Bourgeois de Paris : les
Limites de la Ville & Fauxbourgs de Paris ont été placées en exécution des Déclarations
du Roi des 18 Juillet 1724 & 29 Janvier 1726.